Un mundo mejor, nuestra serie de historias inspiradoras
para aprender a cambiar y mejorar el mundo,
pretende aproximar a los niños
a toda una serie de héroes cotidianos.

Son protagonistas que tuvieron una idea genial
para mejorar las condiciones de vida
de las personas o del medioambiente
y han demostrado el talento y la capacidad
para poner esas ideas en práctica
de manera productiva.

Algunos de los títulos de esta serie han sido concebidos
en colaboración con la **Fundación Ashoka,**
una de las principales asociaciones internacionales
que apoya el emprendimiento social
y descubre a sus principales protagonistas.

Textos
Àlex Tovar

Ilustraciones
Àfrica Fanlo

Dirección de la colección
Eva Moll de Alba

Diseño
Sònia Estévez

Maquetación
Anna Bosch

Adaptación Lectura Fácil
Elisabet Serra

© Vegueta Ediciones
Roger de Llúria, 82, principal 1ª
08009 Barcelona
veguetaediciones.com

ISBN: 978-84-17137-30-4
Depósito Legal: B 22799-2019
Impreso y encuadernado en España

Este logotipo identifica
los materiales que siguen
las directrices internacionales
de la IFLA (International
Federation of Library Associations
and Institutions) e Inclusion Europe
en cuanto a lenguaje, contenido
y forma, a fin de facilitar
su comprensión.
Lo otorga la Asociación
Lectura Fácil.

www.lecturafacil.net

FSC
www.fsc.org
MIXTO
Papel procedente de
fuentes responsables
FSC® C106329

ÀLEX
TOVAR

ÀFRICA
FANLO

LAS SÚPER-RATAS DE BART

Esta es la historia de alguien
que, con su determinación
y esfuerzo, ha conseguido algo
tan valioso como mejorar
la vida de los demás
y poner su grano de arena
para construir un mundo mejor.

Vegueta 🏠 Infantil

La primera vez que Bart
escuchó la historia de
El flautista de Hamelín...

La primera vez que Bart escuchó la historia
de *El flautista de Hamelín* quedó tan asombrado
que, esa misma noche, soñó que las ratas invadían la ciudad.

Sin embargo, las criaturas que aparecían en su imaginación
no tenían nada que ver con las ratas horrendas de aquel cuento,
que robaban quesos,
que husmeaban en los cucharones de los guisos,
que roían las ropas de la gente,
que subían a las cunas para morder a los niños mientras dormían...

Nada de eso.

En el sueño de Bart, las ratas mejoraban la vida de las personas.

Acompañaban a los niños a la escuela
y les traían dulces cada vez que perdían un diente de leche.
Además, ayudaban a los mayores en sus tareas,
a las viejecitas a cruzar la calle y a los gatitos a bajar de los árboles.
Y así, vivían felices en todos los hogares,
como un miembro más de la familia.
¡Era la invasión de las Súper-Ratas!

¿Sabes que existen más de 2.200 especies de roedores en el mundo?

El roedor más pequeño
mide unos 5 centímetros
y sólo pesa 3 gramos.
El más grande mide
más de 80 centímetros
y pesa hasta 1,5 kilos.

El flautista de Hamelín

Es una leyenda alemana recuperada
por los Hermanos Grimm.
Cuenta la historia que la ciudad de Hamelín
estaba infestada de ratas. Un flautista,
a cambio de una recompensa, consiguió
con el sonido de su flauta expulsar
a las ratas de la ciudad.

Aunque Bart era un gran amante de los animales,
jamás había tenido una mascota.
A su madre no le gustaban
y como sus padres viajaban siempre
no tenían tiempo para ocuparse de otro ser vivo.

Sin embargo, para evitar que su hijo pasara tanto tiempo solo,
decidieron hacerle un regalo muy especial.
Al cumplir 9 años le regalaron ¡un hámster!
Eso sí, con la condición de que Bart se hiciera cargo de él
y de que lo tuviera siempre dentro de su habitación.

Bart estaba encantado.
Nada más ver al diminuto hámster,
quiso tomarlo entre sus manos, acariciarlo y jugar con él.
Enseguida se convirtió en su mejor amigo.

Aquel día nació su fascinación por los roedores. Algo que, sin saberlo, cambiaría para siempre su destino.

Los hámsteres
Viven de 2 a 4 años.
Pesan de 30 a 180 gramos.
Miden de 8 a 18 centímetros.
Son animales nocturnos.
Su olfato está muy desarrollado.
Tienen muy poca visión.

¿Qué significa hámster?
Su nombre proviene de la palabra
alemana «hamstern»,
que significa almacenar,
por cómo guardan la comida
en sus mofletes.

Bart pasaba horas y horas con Goldie
—así había bautizado a su nuevo compañero—.
A menudo lo sacaba fuera de la jaula para jugar con él.
Le gustaba hacerlo correr bajo la alfombra,
sobre su hombro o por dentro de la manga de su camisa,
donde podía guardarlo durante horas.
De este modo, y sin que sus padres lo supieran,
aprendió a llevarlo escondido a todas partes,
¡incluso a la escuela!

Hasta que un día, Goldie escapó de su escondite
atraído por algún aroma en la cocina del colegio.
«¡Una rata! ¡Una rata!», gritaban todos al verle.

Enseguida Bart cogió a su mascota
y les explicó las diferencias entre un hámster y una rata.
Impresionada por sus conocimientos,
la maestra le encargó un trabajo de Ciencias Naturales
sobre roedores. La exposición resultó un éxito
y muchos niños también quisieron tener un hámster como mascota.

Era la primera vez que Bart contagiaba su pasión, inspirando a los demás.

Entender a los hámsteres

Los hámsteres están felices
cuando escarban y cuando se limpian.
Si se mueven lentamente,
es que están aburridos
o se encuentran mal.

Posición de defensa

Cuando un hámster chilla
es porque no quiere que le acaricien.
Si se tumba de espaldas
con las patas levantadas
está en posición de defensa.

Pasado el susto, Bart comprendió que era mejor
que Goldie estuviera a salvo en su jaula.
Pero como tampoco quería dejarlo solo,
pidió a sus padres un hámster hembra
para que le hiciera compañía.
Le entusiasmaba la idea de que, si formaban pareja,
tal vez algún día tendrían bebés.

Y eso fue exactamente lo que ocurrió.

Al poco tiempo, su nueva amiga dio a luz a cinco crías de hámster
que Bart acomodó en una cajita.
Movido por la curiosidad, el niño
no paraba de abrir una y otra vez la caja
para observar a las crías,
a lo que la hembra respondía enfurecida
para defender a sus pequeños.
¡Incluso llegó a morder a Bart en un par de ocasiones!

Bart aprendió que los hámsteres pueden ser muy territoriales. Defienden su territorio, especialmente en época de cría.

Reproducción de los hámsteres

La especie de hámster sirio tiene crías
a partir de los 2 meses de vida.
El embarazo dura 16 días y nacen
de 7 a 11 crías. Cada año pueden tener
como máximo 10 camadas. Los hámsteres
viven 2 años, así que en total pueden criar
¡hasta 220 hijos!

¿Por qué muerden?

Los hámsteres son solitarios y deben vivir
separados de otros animales.
Si están dormidos y les tocas, sienten peligro
o se sobresaltan, pueden reaccionar mordiendo.
Como no ven bien, también pueden confundir
tus dedos con comida.

Poco a poco la pasión de Bart por los hámsteres
se fue ampliando a toda la gran familia de los roedores.
Leyó muchos libros de biología y fauna silvestre,
y aprendió todo sobre cada especie: los cuidados,
el hábitat, la alimentación, las enfermedades más comunes,
las costumbres y las pautas de reproducción.

Bart descubrió que los roedores son muy inteligentes, que pueden aprender cantidad de cosas y se pueden adiestrar con facilidad.

Así pues, se convirtió en un experto criador de hámsteres,
jerbos, ratones, ardillas y ratas —las más sociables de todos—,
que más tarde vendía a la tienda de animales.
En poco tiempo, había creado un pequeño negocio.
Ante la sorpresa de sus padres, llegó a reunir
¡hasta 50 ejemplares diferentes en su habitación!

Las ratas

Las ratas son grandes roedores
que suelen despertar rechazo.
Sin embargo, como mascotas son limpias,
sociables y muy inteligentes.
Pueden aprender muchas cosas,
como sentarse, pasar por un aro,
saltar y responder a su nombre.
Son tan hábiles que podrían transportar
un huevo sin que se rompa.

Los jerbos

Son mascotas muy curiosas.
Se alzan sobre sus patas traseras para vigilar
lo que ocurre a su alrededor.
Tienen un gran sentido del oído,
son muy limpios, sociables y atléticos.
Pueden saltar más de medio metro
desde el suelo.

Pero un día Bart se enteró de que en la tienda de animales
sus crías de hámster servían de comida para las serpientes.
¡Qué horror!

Bart sufrió una gran decepción,
y se olvidó de los roedores por una temporada.

Por aquel entonces, Bart comenzó a sentir una gran atracción por África.

Por sus magníficos parajes, su fauna, su flora y su riqueza cultural,
le parecía el lugar perfecto para vivir aventuras emocionantes.
Decidió alistarse en una academia militar para jóvenes.
Aunque la vida de cuartel no le entusiasmó demasiado,
al menos le dio la oportunidad de hacer realidad su sueño:
viajar al continente africano.

Las serpientes

Las serpientes son reptiles carnívoros.
La mayoría comen roedores, aves y huevos.
La anaconda verde y la pitón reticulada
son dos de las serpientes más grandes del
mundo y podrían comer animales tan
voluminosos como un cerdo. Pueden medir
de 5 a 10 metros y pesar de 35 a 85 kilos.

África

Es el tercer continente más grande
del mundo, tras Asia y América.
Tiene 1.000 millones de habitantes
y se divide en 54 países.

Años más tarde, Bart regresó a África,
pero esta vez con un proyecto de cooperación.

Se había graduado como ingeniero con excelentes resultados.
Consiguió diseñar una máquina trilladora para recoger cultivos, y
la distribuyó por toda la República Democrática del Congo.
Esto ayudó a las comunidades más desfavorecidas,
que tenían que hacerse cargo de las tareas agrícolas más pesadas.

En esa misma época,
tomó conciencia de la pobreza de África.

Bart empezó a interesarse por la religión budista, la cual le inspiraba y le hacía confiar en un mundo mejor.

En sus enseñanzas descubrió
que el mundo exterior—el de las apariencias—
está conectado con el interior de las personas.
Y eso le daba esperanza.

Budismo

Es la cuarta religión
más importante del mundo.
Es una filosofía y conjunto de creencias
que buscan liberar al ser humano
de sus deseos y dolores, hasta que llegue
al conocimiento supremo y al nirvana.

«Lo que pienses, lo serás.
Lo que sientas, lo atraerás.
Lo que imagines, lo crearás».

Buda

Por aquellos días, Bart escuchó a Lady Diana,
la princesa de Gales, hablar sobre el grave problema
de las minas terrestres en África.

Se trataba de unas pequeñas bombas diseñadas
para dañar a las personas en conflictos armados.

Lo más espantoso era que solían estar escondidas
a poca profundidad en enormes extensiones de terreno.
Y era tan difícil localizarlas que muchos hombres y mujeres
—¡e incluso niños!—, al pisarlas, sufrían graves mutilaciones.

El mundo entero se puso de acuerdo para buscar una solución;
sin embargo, los métodos para desactivar estas bombas
eran demasiado caros y peligrosos.

Impactado por esta realidad, Bart se propuso hacer algo para resolver el drama de las minas antipersona.

Diana de Gales

Lady Di fue la primera esposa de Carlos
de Inglaterra, el heredero de la Corona británica.
Su defensa de causas humanitarias
y su muerte en un accidente de tráfico la convirtieron
en un mito para los británicos. Algunos la consideran
la mujer más famosa y fotografiada del mundo.

Las minas terrestres

Se calcula que en todo el planeta
hay más de 55 millones de minas, ¡la mayoría en África!
Se utilizan para asegurar fronteras en disputa
y limitar el movimiento del enemigo en tiempos de guerra.
La mayoría de países del mundo las ha ilegalizado,
pero más de 60 países siguen afectados.

Un día, Bart leyó un artículo de un científico que le dejó maravillado.

El estudio demostraba que el olfato de las ratas
era sensible a los explosivos.

Aquella madrugada, durante una sesión de meditación,
se vio a sí mismo de pequeño, sonriente y feliz,
sosteniendo a su viejo amigo Goldie en la palma de la mano.
Entonces recordó aquella fantasía infantil
en la que las ratas ayudaban a la humanidad.

Después de mucho tiempo sin pensar en los roedores, Bart volvió a soñar con sus Súper-Ratas.

El olfato

Para las ratas, el sentido del olfato
es el más importante y lo utilizan para
casi todo: buscar comida, orientarse,
encontrar pareja, señalar los sitios por
los que han pasado, saber si hay algún
peligro, dejar mensajes a otras ratas...

El templo de las ratas

En la India, en la ciudad de Deshnok,
han construido un templo llamado Karni Devi
dedicado a las ratas.
Allí viven más de 20.000 roedores
a los que les dan de comer,
les cuidan y ¡les veneran como a dioses!

Poco después, Bart ideó el programa Súper-Ratas, en el que enseñaba a las ratas a localizar explosivos.

Decidido a acabar con el problema de las minas terrestres, presentó su proyecto para obtener recursos, pero nadie le tomaba en serio.

Por suerte, Bart no se daba por vencido. Como había sido muy buen estudiante, pidió ayuda a un viejo profesor que enseguida se entusiasmó con la idea.

Poco después el Gobierno de Bélgica le dio una subvención con la que pudo formar el primer equipo de trabajo de la fundación APOPO*.

*El significado de las siglas APOPO en castellano es: Desarrollo de Productos para Detectar Minas Antipersona.

Súperpoderes de las ratas

1º Las ratas pueden saltar hasta 90 centímetros en vertical y caer de hasta 15 metros de altura sin lesionarse.

2º Las ratas son nadadoras excelentes. Pueden nadar durante 3 días seguidos y recorrer hasta 400 metros en mar abierto.

3º Además, muchas especies de ratas saben bucear y pueden aguantar la respiración 3 minutos, el triple que la mayoría de personas.

4º Las ratas pueden soportar temperaturas extremas de hasta 30 grados bajo cero.

Al fin, Bart puso en marcha su proyecto
de adiestramiento de ratas
en colaboración con la Universidad de Tanzania.
Para ello utilizó una especie muy peculiar,
las ratas gigantes de Gambia.

El método no resultó fácil.
Aquellos animales no habían estado jamás en cautividad
y a menudo luchaban entre ellos hasta la muerte.
Así que, para lograr que se habituaran,
el equipo de Súper-Ratas construyó un animalario muy grande,
con árboles, e introdujo diez ratas.
Bart estaba tan entregado a la investigación
que instaló su cama allí mismo,
¡para observar su comportamiento de noche!

Las ratas se acostumbraron y criaron a la que se convertiría
en la primera rata gigante africana domesticada.
La primera Súper-Rata se llamaba Onzo.

Una vez domesticadas, las ratas formaban parte del programa de detección de explosivos.

La rata canguro

La especie de rata canguro aguanta
sin beber más tiempo que un camello.
Puede sobrevivir sin agua ¡hasta 2 meses!

Hábitos alimenticios

Muchas especies de ratas son omnívoras,
comen de todo: carne y vegetales.
Pero al contrario de lo que se dice, prefieren
verduras y cereales en lugar de queso.

Para adiestrar a las ratas,
Bart hizo que primero los animales relacionasen
el sonido de un clic con un premio de comida.

Cuando la rata ya era capaz de vincular
ese clic con la comida, empezaba la segunda fase
del adiestramiento.

Bart introducía a la rata dentro de una jaula con varios agujeros.
Por uno de ellos salía el olor a explosivo,
y sólo si pegaba el hocico al agujero correcto
le daban su premio de comida.

Así, consiguió que las ratas detectaran minas terrestres.
Increíble, ¿verdad?

Tras un año trabajando en Tanzania con estas ratas gigantes, se demostró que Bart había tenido una gran idea.

Las risas de las ratas

¿Sabías que los científicos creen
que las ratas pueden reír?
Parece que lo hacen con sonidos de alta
frecuencia que los humanos no podemos oír.

Por una parte, era una manera sencilla y rápida
de encontrar las minas, desactivarlas y evitar el gran peligro
que suponen para los habitantes de zonas en conflicto.

Por otra parte, el entrenamiento de las Súper-Ratas
era mucho más económico que el entrenamiento de perros,
con los que se realizaba el trabajo hasta entonces.

Además, las ratas no solían enfermar
y, como son muy ligeras, sufrían muy pocos accidentes.
Lo más increíble de todo es que eran muy veloces
y rastreaban unos 100 m^2 en media hora,
¡el doble que un experto desminador en un día!

Pero la aventura no terminó aquí.

APOPO sigue investigando en otras áreas como la medicina. Por ejemplo, para detectar infecciones de tuberculosis, una gran epidemia mundial.

Tuberculosis

Es una infección causada por un germen
que se disemina a través del aire,
cuando una persona enferma de tuberculosis,
estornuda y tose. Suele atacar los pulmones
pero también puede dañar otras partes
del cuerpo.

Súper-Ratas antiminas y antituberculosis

Una rata consigue rastrear el terreno
de una cancha de tenis en 30 minutos.
Una persona con un detector de metales tardaría 1 día.
Con un microscopio se pueden procesar
40 muestras al día para detectar la tuberculosis.
Una rata lo consigue ¡en sólo 7 minutos!

Estos roedores continúan asombrando a Bart y a su equipo
por su gran capacidad para ayudar a las personas.
Ahora también los entrenan para detectar contaminantes
en el medioambiente o buscar víctimas de terremotos.

Después de tantos años
—y ya convertido en un monje budista zen—,
Bart sonríe feliz al ver cómo su sueño de infancia
se ha hecho realidad.

Las Súper-Ratas de Bart Weetjens
no son una molestia para las personas,
como ocurría en *El flautista de Hamelín*,
sino que ayudan a salvar vidas
y a solucionar grandes problemas de la humanidad.

La historia de Bart nos enseña a aprovechar los recursos que nos rodean y a vivir junto a ellos con respeto, armonía y sostenibilidad para crear un mundo mejor.

Los logros de las Súper-Ratas

Las ratas gigantes de Gambia
han rastreado más de 23.600 km²
de terreno, localizando explosivos.
Gracias al trabajo y a la inteligencia
de las ratas, se han detectado
y desactivado 19.650 minas antipersona.

Terrenos libres de minas

Con la ayuda de estos animales extraordinarios,
casi 1 millón de personas vive ahora
en terrenos libres de minas antipersona.

EL MUNDO ESTÁ CAMBIANDO... Y TÚ PUEDES CAMBIAR EL MUNDO

La historia que acabas de leer
es la de una persona como tú.
Alguien que, desde muy joven,
se dio cuenta de que a su alrededor
había cosas que eran injustas,
que no funcionaban bien.
Pero sobre todo se dio cuenta
de que las personas
tienen el poder de cambiarlas.
Así que pensó en una solución,
buscó colaboradores para llevarla a cabo
y empezó. Con esa decisión
cambió su vida y la de muchos otros
que se encontraban con las mismas dificultades.

Da igual la edad que tengas o de dónde seas.
El primer paso y el más importante
es detectar lo que no funciona.
Después sólo hay que tener imaginación
y ganas suficientes para encontrar
las soluciones que ayuden a mejorar
la vida de los demás.

Ojalá el cuento que acabas de leer
te ayude a dar el siguiente paso.
Si hay problemas o cosas en tu entorno
que podrían mejorarse,
déjate inspirar por Bart y actúa.

Ya verás lo fantástico que es descubrir
que puedes construir **un mundo mejor**.
Una vez lo pruebas, no hay marcha atrás.
Es como cuando aprendes a montar en bici.
Una sensación de libertad y felicidad,
algo que ya nunca se olvida. **¿Te animas?**

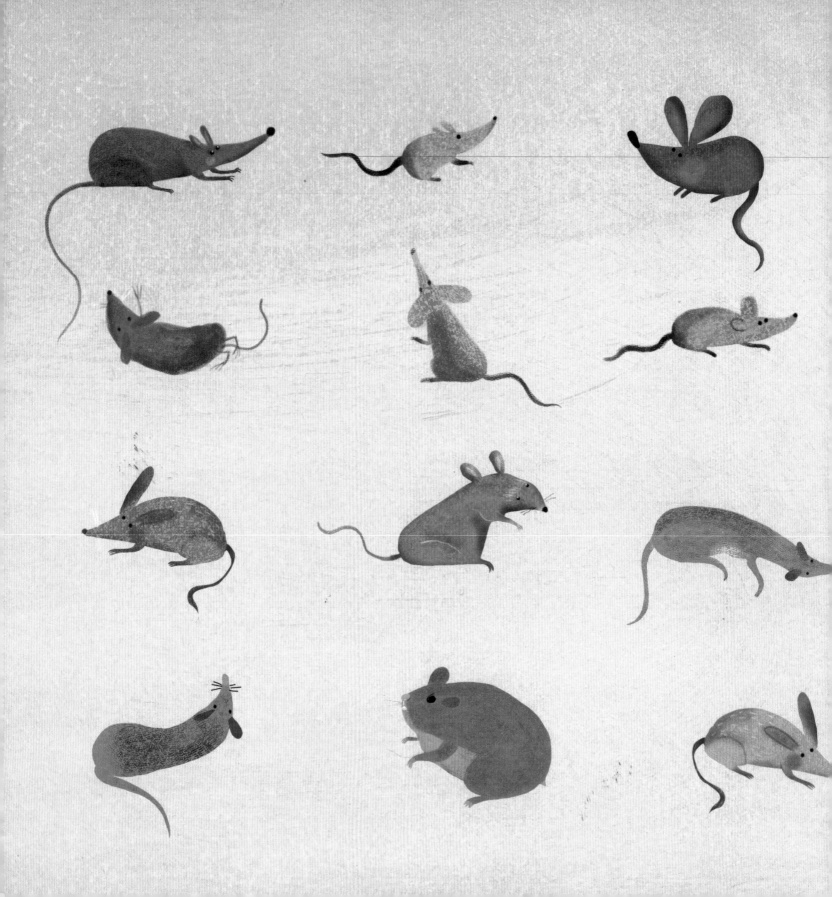